AF197094

Frank Sarnowski

# Orpheus irdisch

Texte aus den Jahren 1998 bis 2013

Das Werk, einschließlich seiner Teile, ist urheberrechtlich geschützt. Jede Verwertung ist ohne Zustimmung des Verlages und des Autors unzulässig. Dies gilt insbesondere für die elektronische oder sonstige Vervielfältigung, Übersetzung, Verbreitung und öffentliche Zugänglichmachung.

Paperback     ISBN 978-3-7469-2911-8
Hardcover     ISBN 978-3-7469-2912-5
e-Book        ISBN 978-3-7469-2913-2

© 2018 Frank Sarnowski
Verlag & Druck: tredition GmbH, Hamburg

## Statt einer Inhaltsübersicht

Die Reihenfolge der Texte ist zufällig,
so zufällig, wie die Texte selbst entstanden sind.
Auch die zeitliche Reihenfolge, in der die Texte
entstanden sind, wurde nicht berücksichtigt.
Keine Ordnung, kein biografisches Abbild,
kein übergeordneter Sinn, schroffe Gegensätze
nicht ausgeschlossen.

Am Ende des Bandes findet sich eine
Übersicht der Titel mit Seitenangaben.

# Abends nach acht

Abends nach acht
bläst der Wind Tagträume fort
über den See

gescheiterte Hoffnungen
sortiert und gestapelt
wie alte Zeitungen
liegen zur Abholung bereit

Aschenbecher quellen über
von verrauchten Sehnsüchten

was bleibt

Erinnerungen
ein tonloses Lied verwaister Seelen
die ewige Geliebte
das alte immer andere Ich

## Federleicht

Wo das Wollen sich auflöst
beim Anblick eilender Passanten
in der regennassen Fußgängerzone
auf der anderen Seite des Glasfensters
wo alles zu Licht wird
beim Flug über die Häuser der Stadt
Richtung Norden
wo der Himmel sich öffnet
wo Breughels Wintergrün
in tief hängenden Wolken
über engen Straßenschluchten schwebt
ist die Sehnsucht sich selbst genug

# An diesem Morgen

An diesem Morgen hängen die Vögel
kopfüber an den Baumstämmen
und fallen in den Flug

die Luft schmeckt nach Erde
und Verwesung

über dem Wasser
der übliche Frühnebel

dieser Morgen ist kalt und blau
und nichts tut sich
nur die letzte Leidenschaft will
den klaren Blick auf die Welt

## An besonders schönen Tagen

An besonders schönen Tagen
steigt der Aktienkurs ganz von allein
nur so wegen der Schönheit der Kurve

Manager sitzen entspannt in Strandcafés
und der Arbeitsmarkt erholt sich
auch ohne Förderprogramm

Altenpfleger finden alte Menschen ganz nett
Computer sind einfach nur nützlich
und Fußball macht wieder Spaß

da machen Massenmörder Kurzarbeit
Chirurgen haben eine glückliche Hand
und Kellner sind freundlicher als sonst

Suppenküchen schließen weil keiner sie
braucht Schulen sind frisch renoviert
selbst Toilettenpapier ist nicht knapp

ein toller Tag so ein Tag
aber mal ehrlich irgendwas
läuft doch gefährlich falsch

# Erste Begegnung

Aus dem fahrenden Auto
suchende Blicke
immer noch
rollt sich Landschaft
ab und vorbei
macht sich weit
bis Blei am Horizont
von Feldern und Weiden
sacht zur Seite geschoben
nutzlos
aber beharrlich
nicht näher kommend
und zeitlos wartend
sich selbst genug
einfach
da ist

# Spätsommeridyll

Wind weht vom Nordufer
Seine Kühle lindert
die Schmerzen
die der lästig-heitere Sommer
auf der Seele hinterließ

sonst alles wie immer

der Himmel vielleicht
etwas weniger blau
die Schwalben agiler
aber im August war es
schon kühler

die schütteren Wolken eifern
unsichtbar getrieben
um die Kunst des Übergangs

irgendetwas tut sich

ein kleiner Wechsel der Gangart
eine astronomische Nichtigkeit
und die Natur lehrt die Logik
das Fürchten
Stillstand ist unerhört dynamisch

vielleicht sollte man jetzt
über Fortschritt neu nachdenken

endlich Herbst

# Gleichklang der Zeiten

Nächstens wird der See zu Blei
und Quecksilber
ein flüchtiger Spiegel
fließende Grenze zwischen
den Zuständen

wie alles aber auch das
nur Täuschung

dann zieht er mich hinein
überzieht mich glänzend
atmet durch mich hindurch
führt mich ganz gegenwärtig
einer Vergangenheit entgegen
leuchtend wie Silbermond

alles war schon
bald

## Immer da sein

Endlos
dieses Geräusch
ohne Form und Farbe
kanonisches Staccato
wenn man es nicht so genau nimmt
Chaossimulation
Leben spendender
amorpher Klang
in dir sich auflösen
Zuckerwürfelsehnsucht spüren
auf der salzkrustigen Haut
eins werden mit diesem
monotonen Flirren
von Milliarden Tropfen
homöopathisch ins
Unschädliche potenziert
um immer da zu sein
längst überflüssig
ohne zu stören

fast immer
am frühen Morgen
regnet es

# Fragt Sisyphos

Arme Glücksritter wir
fröhliche Hoffnungslose
ewige Anfänger
leben vom Vielleicht
und Alsbald
glauben an nichts außer uns
wagen Dasein mit milder
Verzweiflung
naiv konsequent bis zur
Lächerlichkeit weise
mit sehnsüchtigem Blick
und zuckenden Mundwinkeln
dabei so nüchtern

gibt's Alternativen
Fragt Sisyphos

manchmal fällt ein Blatt
zu Boden
manchmal hüpft ein Vogel
im Regen
manchmal weint ein Kind
und
es gibt keine Fragen mehr

## Abgrund Ohnmacht

Immerzu messen wir
hören hin und fragen
und empfangen
aus der Tiefe des Raums
gegen jede Fußballlogik
Hintergrundrauschen
statt Odonkors Flanken
spricht so der messbare Gott
in kosmischem Daseinssäuseln
vom Urknall
falls die Theorie uns nicht verlässt
uns Gottverlassene
was sagt was wirklich
noch Boden unter den Füßen
oder nur noch elektronischen
Katastrophenmüll
Routine simuliert Beständigkeit
jeder Gedanke Teil des freien Falls
Borussia Dortmund ist auch
im Abstiegskampf
noch kein Tor hörst du was
wenn Werder gegen Gladbach
alles nur Annahmen
Hypothesen auf der Basis
ungesicherter Fakten
mit dem Ohr am Gerät
worüber reden wir
in der nächsten Saison
auf Alpha Centauri
immer noch
ohne Gott

# Weißt du wie das wird

Wenn die Zeit gekommen ist
weichen die Worte
der Müdigkeit sagt Seppo
aber das Enzephalogramm
registriert neuronales Gewitter
vor der großen Tür
die vielleicht
gar keine ist

war er weise
hat er die Welt gesehen
wie sie erscheint
und alles bezweifelt

was kommt
es gibt nicht mal
die Möglichkeit
erstaunt zu sein
wenn nichts
kommt

tröstlich

# Wie es wurde was es ist

Kaum geboren
fast verreckt
in Windeln geschissen
gekotzt
nicht erzogen

dem Wort begegnet
dem Gedanken
dem Ton

alles gelebt
alles falsch gemacht

Worthöhlenbewohner jetzt
Seelentranchierer

träufelt Sinn auf Zuckerstücke
bemeistert das Immer-Nie
das Als-Ob
zaubert mit Zahlen
und ist doch nur eins
Fachmann für Licht und Wolken

und jetzt  längst zu spät
fehlt die Geliebte

# Tastendrücker

Tastendrücker unermüdlich suchend
die Zeit am Kleiderhaken aufgehängt

hab Mitleid mit uns andern Armen
es ist nach zwölf was soll jetzt noch die Kunst

du spielst und suchst
bewegst die Welt durch Schwingung
so wie Du bewegt wirst
doch mit welchem Sinn

du tönst erbarmungslos und schonst uns nicht
nun denn fahr fort

doch achte wohl dass nicht die Seele oxidiere
wie das Metall des Denkmals
das uns von dir trennt

## Kleiner Tod

Kurz hinterm Wegkreutz rechts
auf einem kleinen Stein
sitzt grau gebeugt und duldsam
mein eigner kleiner Tod

sein kurzes Nicken sagt
dass er mich meint
sein mildes Lächeln macht
dass alles einfach scheint

doch holt er mich noch nicht
er lässt mir Zeit

## Selbst

Manchmal mein Spiegelbild
scheint es mit ähnlich
auch hab ich eine Hand
die schreibt
und andere Hände schüttelt
doch der sie führt das ist ein
anderer das bin ich nicht

## Als ich ankomme

Als ich ankomme
dampft Tee im Glas
die Balken des Fachwerks
staubig von Jahren
tragen die Last meiner Rückkehr

was will er hier der Heimatlose
hat er ein Recht
wir sind jetzt andere

ich nippe am Glas
und richte mich ein
in der Heimat in mir

# Lautlose Klugheit

Erst erstarb die rechte Hand
dann die Stimme
vorbei so viele unnütze Worte
auf gehorsam vorauseilenden
Lippen

ein feiner Herr im Anzug
mit Schal und Stock und Hut
und einer schlanken Hornbrille
ein bisschen altmodisch und traurig
der Mund verklebt
mit schwarzem Papier

alle sprachen über ihn
so viele unnütze Worte

sie sahen nicht hin

# Nächtlicher Odysseus

Zurückgekehrt
woher er gekommen
einen weiten Kreis gegangen
die Nabelschnur aus Erinnerungen
beständig getragen
müde jetzt und alt
weich gebettet und warm
eingeschlafen
von Penelope nur geträumt
Bei Nachtschwester Ignatia
in guten Händen
rundum versorgt

# Verloren

Unter lastenden Wolken
zum Greifen nah
Mauern Wände
labyrinthisch gereiht

verlassene Häuser
der Hain totes Holz

tief das Licht auf der Schulter
tröstlich warm und schwefelgelb

tonlosen Schritts
der Gang glänzender Pferde
bis ans eiserne Tor

eins ums andre
geht fort

ich steh mit offenen Händen
finde kein Wort

# Wintertraum

Gewölbter Rücken
sanft ans Himmelsblau gelehnt
leuchtend wie Diamant
mit kleinem Defekt

kaum einen Meter unter dem Horizont
rechts neben den Sträuchern
halb versunken im Schnee die Hirnschale
blutig gespalten von der Hand der Gerechten
endet der Wintertraum
anmutig
rot

# Wintertraum   nützlich

Gewölbter Rücken
sanft ans Himmelsblau gelehnt
leuchtend wie Diamant
mit kleinem Defekt

kaum einen Meter unter dem Horizont
rechts neben den Sträuchern
halb versunken im Schnee die Hirnschale
blutig gespalten von der Hand der Gerechten
endet der Wintertraum
anmutig
rot


Foto
Veröffentlichung
Kunstpreis

Gedicht

# Peccata mundi

Sie werden kommen
sie werden sich nehmen
was ihres ist
und mehr

kein Zaun wird halten
kein Meer wird hindern
sie werden kommen
wie immer

all die Gesichter
offen wie wunden
blutig zerrissen
Hand in Hand

und es wird nichts helfen
wie immer

# Wir wissen nicht wer sie sind

Vor verschlossenen Türen stehen sie
mit hängenden Schultern und warten
geduldig auf das was sich nicht ereignet

leblos und stumm in grauen Mänteln
glattrasiert und bleich ansichtig
wie Unerwartetes sich davon schleicht

mit geschlossenen Augen sinnlos
Berge besteigend talabwärts sanft
zu sich selbst einander vergessend

alles tonlos in panischer Ruhe
abgeschaltet atmend unterdrückte
Seufzer über das diesseitige Leben

wir wissen nicht wer sie sind
und woher sie kommen
wir ahnen es

# Tristan

Seine Hand greift
ins Leere
unüberwindlich
die Grenze zu ihr
weil immer das Ich
ihn festhält
in sich selbst
nichts ist was er ihr
geben könnte
nur sie ist ihr Ganzes
eigenes Sein
hermetisch geschlossen
so wie er

deshalb will Tristan sterben

# Geheimnis

Da ich nie mit
deinen Augen
den Mond sehen kann
den auch meine Augen sehen
bleibt dein Mond
ein Geheimnis

# Totalausfall

Früh schon gab es blinde Vertrautheit
bis irgendwann
alles nur noch Gewohnheit war
dann kam die Eigenliebe

alle Zeichen ignoriert
alle Bitten
nach Jahren eine vage Idee
vom verlorenen Paradies zu zweit

der Narziss ist sich selbst immer Trost
zahlt nicht mal Schulden

# Begegnung

Ich sah dich auf dem Bahnsteig
irgendeines Bahnhofs
irgendeiner Stadt
oder vielleicht auch nur das Bild von dir
in meinem Kopf
dein Blick ging ins Weite
ich fühlte meinen Teil der Zweisamkeit
für den Moment die ganze Wahrheit
du stumm wie hinter Glas
gemalt so schön wie für die Ewigkeit
im Lärm des blinden Lichts zerfloss
dein Bild in helles Nichts

## Nur so vielleicht

Sag mir ein kleines Wort ins Ohr
doch sag es wie noch nie zuvor
ich wird es mögen

leg deine Hand dahin
wo ich es ganz besonders liebe
für den Moment vielleicht nur so
es tut mir gut

gib mir ein Stück von deinem Jetzt
und lass mich träumen
träum mit für den Moment
nur so vielleicht

# Preis der Liebe

Heute kam die Telefonrechnung
über unsere Auslandsgespräche
74,78 Euro für sechseinhalb
Stunden Zärtlichkeit
ist es nicht empörend,
wie wenig der Telekom
unsere Liebe wert ist

## Ohne dich

Es ging nicht gut ohne dich
all die Jahre
noch weniger aber wäre es
mit dir gegangen

dass du in meinen Träumen
immer noch anwesend bist
habe ich dir nicht erlaubt

geh jetzt endlich
bitte

# Geschichtenerzähler

Sein Leben teilte er mit anderen
indem sie darin vorkamen
jetzt teilt er sein Leben mit anderen
indem er ihnen Geschichten erzählt
in denen sie vorkommen

## Heldenleben

Ikarus selbstvergessener
Schwelger im Sonnenlicht
höre
Glück ist eine begrenzte
Gunst der Götter

jetzt aber Flügelloser
schau in den Himmel
schließe die Augen
und lehre uns
Demut im Stürzen

## Vorliebe   streng romantisch

Alles mal wieder zu Ende erklärt
alles
Quantenmechanik
Neutronengewitter
Nanotechnik
Kants Kritik der reinen Vernunft
Keynes
Corporate Level Strategie und
sonst so letzte Fragen

zwar könnte man jetzt vielleicht
wieder von vorne beginnen
nur so

nichts gegen sinnvolle Sätze
wirklich nicht
aber lieber als die Erklärenden
muss ich gestehen
sind mir die die ein Geheimnis
bewahren

# Musik

Die Zeit hängt wippend im Raum
Töne treten auf der Stelle
bis die große Pauke in G
vom Zahnschmerz erlöst
offene Augen kein Publikum
kein Orchester nun gut
ein Platzanweiser der einem
Schaffner verdächtig ähnelt
schüttelt den Kopf
der Saal ruckt an und stottert
zur nächsten Haltestelle weiter
dritter Satz Streichereinsatz
adagio con brio
wieder der Platzanweiser
Endstation das war der letzte
Bus für heute es regnet
in der Dunkelheit erkenne ich
nur ein paar Laternen
beim Aussteigen trete ich in
eine Pfütze
Musik kennt eben doch Grenzen

# Wo der Tod wohnt

Italien altes Land
durch Farbe erneuert
vor Jahren
deine Verwesung heißt
immer noch Kultur
aber in der Via Dante Alighieri 3
predigt Papst Berlusconi im Fernsehen
bunga bunga
warum gibt es dich noch
deine Menschen beatmen dich
wie einen sterbenden Körper
denn der Tod wohnt in dir
um zu leben

## Keine Chance

Mein Name ist Galileo Galilei
ich bin 437 Jahre alt
mein Leben für Erkenntnis und Wahrheit
habe ich mit Unaufrichtigkeit bezahlt
man mag darüber denken wie man will
ich bin lange tot also
selbst wenn ich es heute anders machen wollte
es gäbe keine Überzeugung mehr
die ich vertreten könnte
alles was ich erkennen will verändert sich
bevor ich es begreife
liegt in Geschwindigkeit auch eine Wahrheit

## Bewährte Sicherheit

Welch ein Genuss
dieser Adrenalinkick beim Bungeflug
ganz anders als der freie Fall
bei der Nachricht vom Gehirntumor

welch ein Hochgefühl
wenn das Seil sich dehnt und hält
da ist man lebendig
da hat man dem Tod mal wieder zu gewunken

sieh wie mutig die Todeskommandos
auf Befehl liquidieren
in 3D und Dolby Surround
mit Playstation und X Box

ist das nicht fast wie gestern im Park
beim Negerklatschen
fünf gegen einen
sicher ist sicher

# Frau Kukutz kehrt heim

Geblümter Kittel
Frisch gebügelt gestärkt
in beiden Händen
verhaltener Tremor
Seit damals ein ganzes
Leben gelebt
zart und zerbrechlich
noch bei Kaisers Geburtstag
den Straus übergeben
mit höflichem Knicks
jetzt 92 und kindliches Lächeln
bei Kaiserwetter
und Kaiserparade
Lustgartenspiele mit
Fähnchen und Band

seit Stalingrad Witwew
was wird aus den Kindern
Kinder

die Welt jetzt der Rollstuhl
das Bett und der Kamm

wohlfrisiert heute
das Antlitz voll Würde
den Strauß in den Händen
dem Kaiser zur Ehr

# Resümee kurz vor Schluss

Drei Bypässe
eine gehörig gedemütigte Ehefrau
zwei entfremdete Kinder
ein Einfamilienhaus
und jetzt erst eine Ahnung
vom Genuss der Schnecke
beim Erfühlen
des feuchten Erdbodens

# Kleine Lebensweisheit

Als ich erkannte
dass ich mit dem
was ich tat
nichts vermochte
machte ich weiter

was die Ohnmacht
am meisten fürchtet
ist dass wir sie
ignorieren

# Tannenberg

Es waren Männer mit Aktentaschen,
genäht aus Rindspaltleder,
abgezogen den Opfertieren
in den Schlachthäusern aller Kriege,
Brote darin in Papier und alte Äpfel,
die strömten, wenn das Fabriktor sich öffnete,
die Straße entlang heimwärts,
Überlebende, traurige Hochseilartisten,
verborgen bemüht um Balance zwischen
Schuld und Sühne, oder einfach nur
Selbstgerechte und Lügner.

Einer von ihnen nahm meine Hand, ging mit mir
fort, vorbei an Leichenbergen im Erholungspark,
zuckend bei Granateinschlag und Mörserbeschuss,
sprach nicht, zeigte, wann und wie was zu tun war,
hatte Geduld und blickte stets freundlich.
Manchmal deutete er auf Schmetterlinge und Spatzen,
kaufte mir ein Eis und bewunderte auf offener Straße
einen cremefarbenen Borgward mit knallroten Ledersitzen.
Damals wußte ich nicht, was Schuld war.

Oft, spät am Abend, sein suchender Blick
durch das Brennglas in ein Album aus großer Zeit,
Tannenbergdenkmal, SS und Soldaten
zur Ehre des Feldmarschalls
endlos gereiht.


für Hans Jablinski

# Offene Fragen 2005

Wen schweigen wir an
in der Schweigeminute des Terrors
warum spendet die globale
Notgemeinschaft für Tzunamiopfer
und lässt hunderttausend Pakistani
in den Bergen erfrieren
welches Wachstum brauchen wir
wenn wachsende Unternehmen
ihre Mitarbeiter entlassen
warum leiden Millionen Atheisten
mit einem sterbenden Papst
wenn das Verrecken des Alten von
gegenüber niemanden etwas angeht
warum fragen wir überhaupt noch

# Bedenke das Wort

Bedenke das Wort
bevor du sprichst
es ist Heimat
oder Fremde
Wasser
zärtliche Berührung
oder Tod
einmal gesprochen
ist es ein Kind
das in die Welt gesetzt
Rechenschaft fordert
dahinter verborgen
das Sein der Dinge
für immer fremd
keine Ahnung davon
ohne das Wort

## Ende der Furcht

Eingebunden in nichts
gibt es am Ende keinen Sinn
keinen Schmerz und
keine Trauer
alles davor hat Sinn
was gibt es zu fürchten

# Im letzten Sommer

Im letzten Sommer
fehlte die Kraft beim Rudern
und seit meiner Knieoperation
hinke ich
im rechten Fuß Arthrose
und Durchblutungsstörungen
in der Wade
das ist wohl Altern
aber mein Geist ist ganz jung
beruhigt mich das

## Steilklippen bei Rerik

Die Silbersee ist an das Wolkenband genäht
der Horizont treibt gauklerhafte Spiele
alles nur der Erdkrümmung geschuldet
Schiffe tauchen ab und wieder auf
ganz ohne Elektronik völlig analog
ein Ruderboot verträumt die Zeit
zur sicheren Wende
die Küstenwache ist schon informiert
am Strand das Kläffen zweier Hunde
vom Streit der Herrchen übertönt
bald nur noch Jaulen Brüllen Drohen
das Boot gerettet Gott sei Dank
ein Tierarzt flickt die offenen Wunden
das war mein Sommer an der Waterkant

# Ewig neu   theatralisch

Kleiner Parsifal
hast deine Lektion
gut gelernt
*nur eine Waffe taugt*
für die Balance
von Schuld und Sühne
*die Wunde schließt*
*der Speer nur*
*der sie schlug*

doch was dann
was ist mit deiner
Erlösung

die Wahrheit ist
der vierte Akt
das Ganze auf
Anfang

# Versatz links zwei dreißig Grad Blau eins

Heller Morgen
das Licht schon  früh
glänzend über den Hang gelegt
kaum hörbar sacht wiegend
die Wellen unter milchiger Feuchte
Tag und Mond ein Bühnenbild
so schön wie für Lohengrins
Abschied

Arbeitslicht Umbau
heute Abend Tosca

# Arme Wölfe oder was Darwin nicht wußte

Im Grunde tut ihr mir leid
ihr Wölfe zu Unrecht verleumdet
gejagt tut ihr doch nichts als
die Natur von euch verlangt

die gefährlichen Wölfe aber tragen
Schafspelz von Armani und täuschen
mit Gemeinsinn nachts saufen sie
sich voll mit dem Blut der Hassenden
zerfleischen das faule Gekröse
der Dummheit und fressen sich satt
an den Erträgen des schmutzigen
Handels und der Opfergaben der
Gleichgültigkeit

Ihr Wölfe sterbt aus aber eure
Widergänger im Wollkleid haben
die Fortpflanzung der Karnickel
für sich entdeckt

# Übergang

Kälte zieht über das Land
noch ist's Nacht doch am Waldrand
steht schon der Nebel

Dämmerung atmet
schwere Luft voll Fäulnis
und stirbt zu mattem Licht

Tagespflicht pflügt endlos
Seelenfelder unerbittlich leise
bis alles sinnlos offen steht

Kälte zieht über das Land
noch ist's Tag doch am Waldrand
wartet die endliche Nacht

# Endlich

Novemberstürme ziehen
über Feld und Stadt
und tragen Vögel hoch
der Nacht entgegen
am Horizont vergeht
der Tag in Dunkelheit

ein wenig kälter noch
und es wird Schnee
statt Regen geben

# Ohne Erinnerung

In der Kälte der Nacht
kommt der Tod
über die Felder
was jetzt noch lebt
verbirgt den Atem
was jetzt zu schwach
wird bald vergehen
im Frühjahr schon
scheint alles neu
und lässt verwehen
das Bild von dem
was einmal war

Zeitfracht Medien GmbH
Ferdinand-Jühlke-Straße 7
99095 Erfurt, Deutschland
produktsicherheit@kolibri360.de